O Joga dos Poetas

Iolanda Serapicos

Letras Ausentes Unipessoal Lda.

Título original: O Ioga dos Poetas

Autora: Iolanda Serapicos

Editora: I. Calheiros

Design de Capa: Elisa Reis

@2024, Letras Ausentes Unipessoal LDA.

ISBN: 979-8-89214-080-5

Letras Ausentes Unipessoal LDA.

4100-375 Porto, Portugal

ola@letrasausentes.com

www.letrasausentes.com

Reservados todos os direitos. Nenhuma parte deste livro pode ser reproduzida ou transmitida sob qualquer forma ou por quaisquer meios, eletrónicos ou mecânicos, incluindo fotocópias e gravações, ou por qualquer armazenamento de informação e sistema de recuperação, sem autorização por escrito do editor.

Índice

Apresentação

Desde o amanhecer, quando os primeiros raios de sol acariciam suavemente a terra, até o último suspiro do crepúsculo, a minha existência se desenrola como uma dança delicada e etérea, entrelaçando poesia e ioga num abraço que transcende o tangível. Eu, Iolanda Serapicos, encontro-me imersa nesse universo infinitamente vasto e misterioso, uma poetisa por vocação e logue de coração, dedicada a explorar as profundezas da alma através das artes e da prática ancestral do ioga.

A minha paixão pela poesia brotou das sombras silenciosas dos meus pensamentos mais íntimos, crescendo sob a luz do autoconhecimento e da expressão autêntica. Essas palavras tornaram-se faróis, iluminando o meu caminho de volta ao centro do meu coração, onde tudo é conhecido e nada é temido. O ioga surgiu como uma bússola estelar, guiando-me através dos mares tumultuosos da vida, ensinando-me a encontrar estabilidade, força e serenidade no caos quotidiano.

Nesta caminhada, as posturas (asanas)tornaram-se musas, cada uma narra histórias únicas de desafio, superação e modificação. A respiração (pranayama) entrelaça-se com as minhas palavras, inspirando ritmo e fluidez aos meus versos, enquanto na quietude da meditação, eu descubro o espaço sagrado onde as palavras nascem puras e verdadeiras, emergindo do silêncio como estrelas no céu noturno.

Dedicar a minha vida à fusão desses dois mundos tem sido uma viagem de descoberta sem fim, onde cada verso escrito é uma oferenda à beleza do presente, e cada asana praticada é uma celebração da vida, um ato de gratidão ao universo pela sua infinita sabedoria e beleza.

Sou uma viajante das dimensões internas, uma exploradora dos reinos do ser que se estendem além da compreensão comum, alimentada por uma sede insaciável de descoberta e uma busca incessante pela verdade que reside nas profundezas silenciosas de tudo que existe. Caminho não sobre a terra, mas dentro dela, sentindo a sua pulsação, a sua respiração, a sua vida entrelaçando-se com a minha numa sinfonia de existência partilhada.

A poesia é meu idioma universal, a linguagem através da qual me comunico com as estrelas, com a terra, com o invisível que tece a realidade. Escrevo não para ser lida, mas para ler a mim mesma, para decifrar os códigos secretos inscritos no meu ser.

Neste diálogo eterno entre movimento e quietude, expressão e introspeção, descubro-me e reinvento-me. Cada verso que brota do meu ser é um fragmento de alma, um pedaço de um quebra-cabeça cósmico que, quando reunido, revela a imagem completa do meu verdadeiro eu.

Navego pelas águas da vida com um coração aberto e uma mente curiosa, sabendo que, em cada momento de conexão profunda, eu toco o divino. Nestas páginas seguintes, encontrará fragmentos da minha alma, sussurros do meu coração imortalizados em poesia. Que estas palavras possam tocá-lo, assim como a prática do ioga tocou-me, abrindo portas para mundos internos de paz, amor e infinita possibilidade. Juntos, nesta dança de palavras e movimentos, podemos descobrir a magia que reside em nós e ao nosso redor, tecendo uma faixa de luz com os fios dourados da consciência.

Introdução

Vamos mergulhar mais profundamente no universo da poesia e do ioga, e explorar como estas duas práticas se entrelaçam e enriquecem o percurso de autoconhecimento e expressão.

A Poética do Movimento: O Ioga como Inspiração

O ioga, com as suas posturas (asanas) e técnicas de respiração (pranayama), oferece uma fonte rica de inspiração poética. Cada asana é um poema em si, uma história de força, flexibilidade, e equilíbrio que se desdobra no tapete. Quando me movo através das sequências de ioga, sinto como se estivesse a escrever versos com o meu corpo, cada movimento uma metáfora da vida.

Por exemplo, na postura da árvore (Vrksasana), encontro metáforas da resiliência e do crescimento. Como uma árvore, procuro a estabilidade através das raízes que afundo no solo, ao mesmo tempo que me estico em direção ao céu, abraçando a luz. Este equilíbrio entre a terra e o céu, entre estabilidade e aspiração, reflete-se na minha escrita, onde pretendo harmonizar o concreto com o etéreo.

Respiração como Musa: Pranayama e Fluxo Criativo

A respiração (pranayama) é a essência da vida e da criatividade. No ioga, a prática consciente da respiração não só nutre o corpo físico, mas também acalma a mente, e prepara o terreno para a inspiração poética. Aprendi a ouvir o ritmo da minha respiração, encontrando nela um fluxo constante de inspiração.

Cada inalação traz novas ideias e possibilidades; cada exalação é uma oportunidade de expressar essas ideias no papel. A respiração se torna então não apenas um ato de sobrevivência, mas uma fonte de criação, ajudando-me a navegar pelas marés da criatividade com maior facilidade e fluidez.

Meditação: O Silêncio Fértil da Criação

A meditação é outro pilar do ioga que se revela crucial no meu processo criativo. Nos momentos de silêncio e recolhimento, afasto-me do ruído externo e mergulho nas profundezas do meu ser. É nesse espaço sagrado de quietude que as palavras começam a se formar, emergindo do nada como estrelas no céu noturno.

A meditação ensinou-me a paciência de esperar que as palavras certas se revelem, a coragem de enfrentar a página em branco sem medo e a sabedoria para reconhecer que, às vezes, o silêncio diz mais do que qualquer palavra poderia expressar.

Conclusão: Tecendo Juntos os Fios do Ser

A minha viagem através da poesia e do ioga é uma dança contínua entre expressão e introversão, movimento e quietude. Cada prática alimenta a outra, permitindo-me explorar as profundezas da experiência humana com maior sensibilidade e profundidade.

Neste caminho, aprendi que a verdadeira arte nasce da capacidade de estar presente, de observar profundamente e de se abrir para o fluxo da vida em todas as suas formas. Os poemas e as posturas tornam-se então reflexos um do outro, cada um uma janela para a alma, convidando-nos a olhar mais de perto e a ver mais claramente a beleza infinita do agora.

Espero que esta imersão mais profunda tenha proporcionado uma visão mais rica e detalhada sobre como a poesia e o ioga se intrincam na minha vida, oferecendo caminhos paralelos para explorar a vastidão do ser humano.

Introdução
às posições e Poemas

Num mundo onde as palavras dançam ao ritmo do inefável, e onde o corpo se expressa com a eloquência do silêncio, ergue-se um convite para uma jornada única: "Introdução às Posições e Poemas". Este não é meramente um guia, mas uma porta aberta para um universo onde a forma encontra a essência, e onde cada gesto é um verso que respira.

Aqui, as posições não são apenas posturas a serem alcançadas, mas são como estrofes de uma poesia antiga, sussurrando segredos sobre equilíbrio, força e graça. Elas convidam os viajantes deste caminho a mergulhar nas profundezas das suas próprias almas, a descobrir harmonias ocultas entre movimento e pausa, tensão e relaxamento.

Cada posição é um poema em si, uma narrativa tecida no silêncio do ser, aguardando ser lida com o coração aberto e o espírito atento. Estas são histórias escritas não com tinta, mas com o sopro da vida, cada curva e contorno refletindo as infinitas possibilidades de expressão humana.

E assim, neste enlace sagrado entre o físico e o etéreo, "Introdução às Posições e Poemas" emerge não apenas como um manual, mas como um mapa estelar, guiando os buscadores através das constelações da sua própria existência. Aqui, a jornada é tanto para dentro quanto para fora, uma exploração de territórios desconhecidos onde cada passo é um ato de criação.

Nesta odisseia as fronteiras entre o corpo e a alma se desvanecem, e cada respiração traz consigo a promessa de descobertas novas e maravilhosas.

Uttanasana:
O Mergulho Profundo na Serenidade Interior

Uttanasana, uma postura clássica do ioga, convida-nos a uma autoanálise profunda e a uma reconexão com o nosso ser mais íntimo. Este asana, também conhecido como a *"Flexão Intensa para Frente"*, é mais do que um mero exercício físico; é uma caminhada para dentro de si, um mergulho nas águas tranquilas da nossa serenidade interior. Ao nos dobrarmos, entregamos as nossas preocupações, libertamos tensões acumuladas e abrimos espaço para a calma e a paz interior. Este poema capturará a essência de Uttanasana, explorando não apenas os seus benefícios físicos, mas também o profundo impacto que pode ter na nossa mente e espírito. É um convite a todos para experimentar o poder transformador desta prática, um gesto de humildade e de entrega que nos permite ver o mundo sob uma nova perspetiva, revigorados e serenos.

A mensagem central do poema é que, ao praticar Uttanasana, não apenas realizamos um exercício físico de dobrar o corpo, mas também embarcamos numa viagem espiritual que nos leva ao encontro da nossa essência mais íntima. Através desta postura, somos convidados a soltar as tensões e os fardos que carregamos, permitindo-nos descansar e encontrar paz. A prática torna-se uma ponte para um estado de ser mais tranquilo e ameno, onde a mente se aquieta e a serenidade secreta do silêncio interno é revelada.

A entrega e a humildade são temas importantes no poema, sugerindo que ao nos curvarmos fisicamente, podemos também aprender a nos render emocional e espiritualmente, deixando de lado o ego. Essa postura de ioga permite que a respiração flua livremente, ajudando-nos a mergulhar mais fundo em nós mesmos, onde residem a verdadeira paz e a capacidade de se conectar com o universo de forma mais profunda.

Uttanasana: O Mergulho Profundo na Serenidade Interior

Na dobra suave, um mergulho profundo,
Uttanasana, sob o silente luar ou sol no céu fecundo.
Corpo inclinado, coração sobre a terra,
Neste asana, a alma descobre o que no seu íntimo encerra.

De cabeça para baixo, o mundo vejo mudar,
Perspetivas a se inverter, novos modos de olhar.
Na entrega, na dobra, a mente se aquieta,
No silêncio interno, a serenidade secreta.

Mãos alcançam o chão, ou abraçam os pés,
Num gesto de humildade, onde ego não mais se vê.
Respiração que flui, em ritmo sereno,
Uttanasana, a ponte para o eu mais ameno.

Neste asana, o tempo parece parar,
Cada respiração, um convite para mergulhar.
Mais fundo em si, onde a paz reside,
Onde o barulho do mundo suavemente se esconde e cede.

Libertação das tensões, dos fardos a carregar,
Neste dobra, permito-me soltar, deixar ir, descansar.
A mente se esvazia, o coração ganha espaço,
Na simplicidade do gesto, o espírito se purifica.

Uttanasana, mais que um dobrar físico, é viagem,
Ao interior profundo, ao encontro da própria imagem.
No silêncio dessa postura, a verdade se revela,
E na serenidade interior, a alma se espelha.

Permaneço, entre o céu e a terra, fundida,
No doce abraço do universo, sentimento incontido.
Uttanasana, o mergulho na calma infinita,
Na travessia interior, a paz sempre reacendida.

Trikonasana:
Triângulos de Luz e Equilíbrio

Trikonasana, ou a *"Postura do Triângulo"*, é uma das poses mais emblemáticas e poderosas do ioga, simbolizando força, estabilidade e a harmonia entre mente, corpo e espírito. Esta postura cria linhas e ângulos que lembram um triângulo, representando a proporcionalidade perfeita e a expansão em todas as direções. É uma expressão de equilíbrio e concentração, aonde cada parte do corpo se ativa e alinha, enquanto a mente se centra e tranquiliza. Trikonasana ensina-nos a encontrar estabilidade na instabilidade, a manter a calma diante dos desafios e a expandir os nossos limites físicos e mentais. Este poema tem em vista captar a luz e a inalterabilidade que emanam desta poderosa postura, refletindo sobre como pode iluminar o nosso caminho e revigorar o nosso ser.

Este poema enfatiza a importância da base sólida (pés firmes na terra) e da visão ampla (olhar no horizonte) para a estabilidade e a expansão do ser. Através da prática consciente, onde cada respiração fortalece o contacto entre o individual e o universal, o praticante pode experimentar um estado de clareza mental, elevação espiritual e revelação da verdadeira essência da alma.

A luz interior que brilha durante a prática de Trikonasana é um lembrete de que cada indivíduo é feito de luz e possui a capacidade de encontrar harmonia e concordância dentro de si e relativamente ao mundo ao seu redor. O poema celebra a alomorfia pessoal alcançada por meio do alinhamento, da gratidão e do amor, sugerindo que Trikonasana é mais do que uma pose; é uma metáfora para o crescimento, a estabilidade e a iluminação na jornada da vida.

Trikonasana: Triângulos de Luz e Equilíbrio

No vasto tapete, sob o céu azul profundo,
Abro o meu espaço, no silêncio do mundo.
Pés firmes na terra, olhar no horizonte,
Em Trikonasana, encontro o meu monte.

Estendo os braços, como asas ao vento,
Num gesto de liberdade, sem um só lamento.
Inclino o corpo, um triângulo a formar,
Na busca do equilíbrio, a luz a captar.

Uma mão alcança o céu, a outra a terra toca,
Entre elas, a energia flui, numa dança que emboca.
Cada respiração, um fio de conexão,
Entre o finito e o infinito, em perfeita união.

Neste triângulo sagrado, a força sinto brotar,
Da base aos vértices, um campo a vibrar.
A mente se aquieta, o espírito se eleva,
Em Trikonasana, a alma se revela.

Os olhos fecham-se, a luz interior a brilhar,
Neste momento de paz tudo parece se alinhar.
Sob a forma de um triângulo, equilíbrio a encontrar,
Na imensidão do ser, um caminho a trilhar.

Volto ao centro, com gratidão a respirar,
Pela força, pela paz, pelo amor a emanar.
Em Trikonasana, aprendi a ser,
Um triângulo de luz, firme a crescer.

Nesta postura, a verdade se desvela,
Que somos feitos de luz, em constante centelha.
Trikonasana, uma lembrança de quem somos,
Triângulos de luz, em equilíbrio pomos.

Dhanurasana:
Arcos de Força e Flexibilidade

Dhanurasana, conhecida como a "*Postura do Arco*", é uma expressão poderosa de força e flexibilidade, integrando e harmonizando o corpo e a mente. Esta postura desafiadora leva o praticante a um estado de profunda abertura e entrega, enquanto fortalece a musculatura dorsal, abre o peito e melhora a respiração. Dhanurasana simboliza a tensão do arco pronto para lançar a sua flecha, representando o potencial de energia que temos para alcançar os nossos objetivos e aspirações. Ao mesmo tempo, ensina-nos sobre a importância da flexibilidade, não apenas física, mas também na vida, adaptando-nos às situações com graça e resiliência. Este poema deseja mostrar a essência de Dhanurasana, refletindo sobre o equilíbrio entre força e a suavidade, e como, através desta postura, podemos aprender a nos estender para além dos nossos limites, mantendo-nos firmes na nossa base.

No final do poema, a imagem de soltar o arco e retornar à terra, mas levando consigo o "fogo que no peito trago", sugere que as lições aprendidas e a força adquirida na prática de Dhanurasana transcendem o tapete de ioga. Elas tornam-se parte integrante do percurso da vida do praticante, equipando-o com uma resiliência interna, uma paixão ardente pela vida e uma compreensão mais profunda das suas capacidades ilimitadas.

Dhanurasana: Arcos de Força e Flexibilidade

No silêncio do ser, na calma da mente,
Preparo-me para um arco, forte e clemente.
Deitada, rendida ao chão que me sustém,
Em Dhanurasana, um desafio que convém.

Com um fôlego profundo, inicio a ascensão,
Mãos aos pés alcançam, em firme junção.
O corpo se eleva, um arco a formar,
Na tensão e na entrega, aprendo a confiar.

Força e flexibilidade, em harmonia a se encontrar,
Neste arco que sou, pronto a se lançar.
Coração aberto ao céu, olhar para o infinito,
Em Dhanurasana, sinto o universo permito.

A cada inspiração, mais alto viso ir,
A cada expiração, mais em mim a descobrir.
Este arco tenso, de energia a vibrar,
É também um berço, onde me posso acalmar.

Sob a curva deste arco, a vida se revela,
Entre a força e a suavidade, uma dança singela.
Dhanurasana, lição de equilíbrio e paixão,
Um convite à expansão, além da imaginação.

Ao soltar o arco, à terra retorno,
Mas levo comigo o fogo que no peito trago.
Dhanurasana, um arco de luz e coragem,
Na jornada da vida, a minha bagagem.

Nesta postura, a essência se desdobra,
De que somos feitos para além da obra.
Dhanurasana, um arco de possibilidades,
A lembrar-nos das nossas infinitas capacidades.

Surya Namaskara: Odes ao Sol Nascente

Surya Namaskara, ou *"Saudação ao Sol"*, é uma sequência dinâmica de posturas que homenageia o sol nascente, fonte de toda a vida e energia. Este antigo ritual do ioga serve não apenas como um aquecimento físico, mas também como uma prática espiritual, cultivando gratidão, vitalidade e a união com o universo. Através dos movimentos fluídos, o praticante procura sincronizar a respiração com cada asana, criando uma meditação em movimento que desperta o corpo e acalma a mente. Surya Namaskara é uma expressão de reverência à luz solar, reconhecendo o seu papel essencial na manutenção da vida na Terra e dentro de nós. O seguinte poema encontra a beleza e a profundidade dessa prática, celebrando a jornada do sol e a nossa própria viagem interior à medida que saudamos cada novo dia com esperança e renovação.

Surya Namaskara: Odes ao Sol Nascente

Ao horizonte, o primeiro alvorecer,
Um convite subtil, começa a se estender.
No silêncio do amanhecer, me ponho a ouvir,
A canção do sol, pronta a surgir.

Com os pés firmes, mãos em prece,
Surya Namaskara, a minha alma agradece.
Num gesto de entrega, ao céu alcanço,
Na dança do sol, o meu coração se lança.

Para a frente me curvo, a terra saudar,
Em humildade, permito-me tocar.
Na montanha, ergo-me, olhando para o alto,
No vale, abro espaço, no peito, acolho.

Cobra que desliza, mostrando o poder,
Da energia vital, pronta a florescer.
Montanha, novamente, aos céus a aspirar,
No ciclo da vida, aprendo a confiar.

Passo a passo, a sequência se desenrola,
Como o sol que nasce, a história se cola.
Surya Namaskara, prática sagrada,
Numa ode ao sol, a alma se banha.

Em cada respiração, um novo despertar,
Em cada movimento, um mundo a explorar.
Saudação ao sol, em gratidão profunda,
Pela vida, pela luz, pela bênção fecunda.

Assim, inicio o dia, com o sol a guiar,
Surya Namaskara, a jornada a iluminar.
No ritmo do universo, encontro-me a dançar,
Com o sol nascente, venho-me alinhar.

Kapalabhati:
Sopros de Fogo e Renovação

Kapalabhati, frequentemente traduzido como *"Sopro de Fogo"* ou *"Purificação do Crânio"*, é uma técnica de respiração profundamente revigorante e purificadora praticada no ioga. Não é apenas um exercício respiratório, mas também um método de limpeza interna que visa rejuvenescer tanto a mente quanto o corpo. Esta prática envolve respirações rápidas e vigorosas, com ênfase na expiração ativa, estimulando assim os órgãos abdominais e promover a renovação energética. Kapalabhati é uma ferramenta poderosa para despertar o fogo digestivo, melhorar a concentração e limpar as vias respiratórias, preparando o praticante para meditações mais profundas. O poema a seguir explora a essência transformadora do Kapalabhati, celebrando o seu poder de incendiar o espírito e purificar o ser. Este poema é um convite para acender o fogo interno e transformar a escuridão em luz. Através desta antiga técnica, somos lembrados do poder da respiração consciente e da grande capacidade de renascimento que reside dentro de cada um de nós.

Kapalabhati: Sopros de Fogo e Renovação

Em silêncio sento-me, o fogo interior a buscar,
Kapalabhati, sopro da alvorada, pronto a despertar.
Com cada expiração, uma chama se acende,
No altar do ser, onde o velho se rende.

Rápido e rítmico, o ar dança em fervor,
Como cavalos selvagens, em pleno ardor.
O fogo do ventre, em ascensão, começa,
Purificando o ser, toda a sombra endereça.

"Limpeza do crânio", nome que encerra,
Mistérios profundos da nossa própria terra.
Sob a superfície, onde as raízes se escondem,
Kapalabhati ilumina, as trevas se rendem.

Véus de Maya, lentamente, desfiam-se ao vento,
Na forja interna, transmuta-se o sofrimento.
Cada sopro, um martelo, forjando a essência,
Em brasa viva, reacende a consciência.

Ondas de calor, pelo corpo a viajar,
Em cada célula, um novo despertar.
Sopros de fogo, na alquimia sagrada,
Transformam o chumbo em luz dourada.

E assim, renovada, o espírito se eleva,
Na pureza do fogo, a mente se revela.
Kapalabhati, prática de renovação,
No sopro do divino, encontro libertação.

Baddha Konasana: O Trono da Sabedoria Ancestral

Baddha Konasana, também conhecido como a *"Postura do Ângulo Preso"* ou a *"Postura da Borboleta"*, é uma asana clássica, na prática de Ioga, que traz múltiplos benefícios para o corpo e a mente. Este asana envolve sentar-se com as solas dos pés unidas, joelhos abertos para os lados, criando uma forma que lembra uma borboleta com as suas asas abertas. É uma postura profundamente enraizada na busca pela abertura e pela sabedoria interior, promovendo a flexibilidade dos quadris e a calma mental. Além dos seus benefícios físicos, Baddha Konasana é uma postura que convida à introspeção e ao encontro com a sabedoria ancestral. Ao assumir esta posição, o praticante pode sentir-se como se estivesse sentado num trono antigo, conectando-se com a terra, a estabilidade e a profundidade dos conhecimentos passados através das gerações. Este asana ensina-nos sobre a importância de estar firmemente enraizado enquanto permanecemos abertos e receptivos ao mundo ao nosso redor.

Baddha Konasana não é apenas um exercício físico; é um chamamento para mergulhar nas profundezas do ser e reconectar-se com a sabedoria que reside em nós e ao nosso redor. Ao praticar esta postura, somos lembrados da importância de ouvir, de estar abertos à transição e de honrar as raízes de onde viemos. É uma prática de humildade, abertura e respeito pela rota da vida.

Baddha Konasana: O Trono da Sabedoria Ancestral

Nos confins do silêncio, onde o tempo dormita,
Sento-me em Baddha Konasana, a alma medita.
Como raízes profundas, os meus pés se encontram,
No trono da sabedoria, os antigos contam.

Joelhos ao vento, como asas a voar,
Na quietude do ser, começo a escutar.
Histórias tecidas em teias de luar,
Dos ancestrais, segredos a revelar.

Abro espaço no corpo, na mente, no coração,
Neste ângulo preso, encontro libertação.
Cada respiração, um fio de conexão,
Com a terra, o céu, a imensa criação.

Em Baddha Konasana, a borboleta repousa,
Nas asas do tempo, a vida se propõe.
Transformação profunda, a natureza expõe,
No ciclo eterno, a sabedoria repousa.

Sob o manto da noite, sob o brilho do dia,
Este trono acolhe-me, oferece guarida.
A cada inspirar, a cada expirar,
A sabedoria ancestral vem-me visitar.

Deixe que o silêncio seja o seu guia,
Neste encontro sagrado, a alma irradia.
Baddha Konasana, asana de poder,
No trono da sabedoria, aprendo a ser.

Assim, nesta postura, rendo homenagem,
Às gerações que teceram a nossa imagem.
Em gratidão, o meu coração se expande,
Na dança do universo, tudo se urde.

Garudasana:
Asas Entrelaçadas, Voando Alto

Garudasana, ou *"Postura da Águia"*, é uma asana poderosa e desafiadora que simboliza força, foco e a capacidade de voar alto, mesmo quando estamos enraizados. Nesta postura, o praticante cruza uma perna sobre a outra enquanto entrelaça os braços na frente do corpo, representando a águia Garuda — um veículo mítico do deus Vishnu na mitologia hindu. Garudasana exige equilíbrio, concentração e a habilidade de manter a calma diante do desafio, refletindo a perícia de superar obstáculos com graça e determinação.

Esta postura não apenas fortalece as pernas, braços e abdominal, mas também melhora o equilíbrio e a concentração. Ao assumir a forma de Garuda, o praticante invoca as qualidades desta majestosa criatura, aprendendo a elevar-se acima das trivialidades da existência terrena, mantendo uma visão clara dos céus infinitos.

Garudasana ensina-nos a importância de manter o foco e a determinação, mesmo no meio dos imbróglios. É um lembrete de que, embora possamos nos sentir limitados ou confinados às vezes, em nós reside o conhecimento de transcender estas limitações e voar em direção aos nossos sonhos e aspirações mais elevados. Através desta postura, somos encorajados a cultivar a força interior e a visão clara que nos permitem navegar pela vida com graça, poder e propósito.

Garudasana: Asas Entrelaçadas, Voando Alto

No vértice do mundo, onde os ventos se cruzam,
Assumo Garudasana, e as dúvidas se reduzem.
Com asas emaranhadas, firmemente plantada,
Nos céus da mente, estou liberta.

Enquanto o corpo se enrola, o espírito se expande,
Neste nó de ser, a liberdade comanda.
Garuda, grande águia, nas alturas reside,
Na sua homenagem, a minha alma decide.

Entrelaçar, cruzar, subir sem temer,
Na força da águia, começo a aprender.
Que mesmo presa à terra, posso alçar voo,
Acima das nuvens, onde o sonho é sólido.

Equilíbrio e foco, nesta dança divina,
Garudasana, a postura que ensina.
A enfrentar tempestades, com olhos de ver,
Que no coração da tormenta, podemos crescer.

Com asas entrelaçadas, mas nunca aprisionada,
No desafio, o meu espírito é testado.
Mas como Garuda, sei que posso voar,
Sobre os problemas da vida, e me elevar.

No silêncio desta postura, escuto o chamado,
Do infinito azul, vasto e ilimitado.
Garudasana, lição de elevação,
Nas asas do destino, encontro direção.

Enquanto permaneço com asas intrincadas,
Sinto as correntes da vida, em mim, desatadas.
Garudasana, um voo para o alto,
Neste entrelaçar de ser, descubro o meu salto.

Shirshasana: O Mundo às Avessas

Shirshasana, frequentemente conhecida como a "*Postura da Cabeça*", é uma das asanas mais icónicas e desafiadoras do ioga. Esta poderosa inversão coloca literalmente o mundo às avessas, oferecendo uma nova perspetiva sobre a vida, tanto literal quanto metaforicamente. Ao inverter a ordem natural do corpo, com a cabeça abaixo do coração, Shirshasana desafia os nossos padrões físicos e mentais, promovendo uma profunda metamorfose interior.

Esta postura não apenas fortalece os músculos centrais, os braços e os ombros, mas também aumenta a circulação sanguínea para o cérebro, potencializando a clareza mental, a concentração e a calma. Além disso, Shirshasana é conhecida por estimular o sistema endócrino, equilibrando as hormonas e rejuvenescendo todo o corpo.

Praticar Shirshasana é abraçar a oportunidade de ver o mundo sob uma nova luz, desafiando as nossas perceções e limitações habituais. É um lembrete poderoso de que às vezes, para entender verdadeiramente algo ou alguém, precisamos estar dispostos a virar a nossa própria realidade de cabeça para baixo. Ao nos entregar à experiência de ver o mundo às avessas, podemos descobrir novas verdades sobre nós mesmos e sobre o universo à nossa volta, encontrando equilíbrio e harmonia mesmo nas situações mais desafiadoras.

Shirshasana: O Mundo às Avessas

No silêncio do salão, ergo-me sem chão,
Shirshasana, desafio da gravidade,
Onde o céu é limite, e a terra, saudade.
Neste mundo às avessas, busco compreensão.

Pés alçados ao alto, raízes na mente,
O mundo gira, mas aqui, sou semente.
Crescendo em direção ao desconhecido,
Nesta inversão, o novo é permitido.

Sob a pressão suave, o sangue flui,
A mente se aclara, o espírito construi.
Uma ponte entre o céu e o eu,
Em Shirshasana, tudo se moveu.

Não mais limitado pelo habitual,
Neste espaço sagrado, sou imortal.
Com a cabeça firmemente ancorada,
Descubro que a vida é invertida, não trocada.

Ao ver o mundo de outra maneira,
Percebo que a liberdade é verdadeira.
Não na fuga, mas na imersão,
Na entrega total, encontro a visão.

E assim, enquanto o mundo gira, eu paro,
Na quietude desta inversão, me declaro.
Livre das amarras do convencional,
Em Shirshasana, o avesso é o portal.

Ao retornar, trago comigo a paz,
Daquela visão que só a inversão traz.
Shirshasana, mais do que uma posição,
É um estado de ser, uma renovação.

Sarvangasana: A Vela que Ilumina o Corpo

Sarvangasana, também conhecida como a *"Postura da Vela"*, é uma das asanas mais reverenciadas no ioga, dada a sua ampla gama de benefícios para a saúde física e mental. Este asana é chamado assim porque, quando executado corretamente, tem o potencial de beneficiar todo o corpo ('sarva' significa tudo, 'anga' significa parte do corpo em sânscrito). É uma postura de inversão que, assim como Shirshasana, inverte o fluxo da gravidade no corpo, mas desta vez, com o suporte dos ombros ao invés da cabeça.

A prática regular de Sarvangasana melhora a circulação sanguínea, particularmente em direção à glândula da tireoide, regulando assim as funções hormonais do corpo. Além disso, essa postura ajuda a fortificar os músculos do ombro e do pescoço, alivia o stresse e promove uma melhor digestão. Por inverter a ação da gravidade sobre o corpo, Sarvangasana oferece um efeito rejuvenescedor, ajuda a acalmar a mente e a aliviar sintomas de depressão e ansiedade.

Praticar Sarvangasana é como acender uma vela interna, que com a sua luz suave, ilumina cada canto obscuro do nosso ser, trazendo clareza, calma e uma sensação de unidade com o universo. Esta postura ensina-nos que, por vezes, para encontrar a luz, precisamos estar dispostos a colocar-nos em

posições desconhecidas e desafiadoras, lembrando-nos de que a
verdadeira iluminação vem de dentro.

Sarvangasana: A Vela que Ilumina o Corpo

No crepúsculo do dia, ascendo,
Em Sarvangasana, me rendo.
Como uma vela, ergo-me no espaço,
Iluminando o escuro, passo a passo.

Ombros firmes, coração aberto,
Neste silêncio, sou descoberta.
A gravidade, agora a minha aliada,
Nesta inversão, a paz é encontrada.

Fluxo reverso, vida renovada,
Na luz da vela, a alma é banhada.
Cada célula, um brilho estelar,
Em Sarvangasana, aprendo a voar.

A tireoide sussurra, agradecida,
Pela atenção enfim recebida.
Hormonas dançam, em equilíbrio perfeito,
Neste asana, encontro o meu leito.

A mente serena, o corpo floresce,
Neste altar de pernas, o espírito agradece.
Sobre os ombros, o peso do mundo,
Se dissolve, no segundo profundo.

Como uma vela, que na noite clareia,
Sarvangasana, a luz que me rodeia.
Não apenas postura, mas portal sagrado,
Para um estado de ser iluminado.

E quando lentamente, volto a me deitar,
Levo comigo o brilho desse olhar.
A vida, agora vista de outra maneira,
Na vela do corpo, a luz é verdadeira.

Sarvangasana, mais do que uma inversão,
É um convite à introspeção e transformação.
Num mundo em constante movimento,
Oferece um momento de puro contentamento.

Paschimottanasana:
Toques de Calma na Extensão

Paschimottanasana, frequentemente denominada a *"Postura da Pinça"* ou *"Dobra para Frente Sentado"*, é uma das asanas clássicas e fundamentais no Ioga. Esta postura envolve uma flexão intensa para frente, buscando alcançar os pés com as mãos enquanto se mantém as pernas esticadas. Paschimottanasana é um convite para interiorizar-se, promovendo uma introspeção profunda e acalmando o sistema nervoso. Além dos seus benefícios físicos, como o alongamento da parte posterior do corpo — desde os calcanhares até a cabeça — esta postura trabalha a calma mental e a entrega, ensinando o praticante a soltar as tensões e a se render ao momento presente.

A prática desta asana não apenas melhora a digestão, mas também tonifica os órgãos abdominais e pode ajudar a aliviar sintomas de menopausa e desconforto menstrual. Além disso, ao inclinar-se para frente e acalmar a mente, Paschimottanasana ajuda a reduzir a fadiga e a ansiedade, oferecendo um refúgio tranquilo para aqueles que buscam serenidade no meio do caos do dia a dia.

Praticar Paschimottanasana é como tecer um manto de tranquilidade ao redor do corpo e da mente, um convite para desacelerar e reconectar-se consigo mesmo. Nesta postura, aprendemos que a verdadeira força reside na capacidade de se entregar, de aceitar o momento presente com graça e gratidão. É um lembrete de que, às vezes, a maior extensão que podemos alcançar não é medida pela distância entre as nossas mãos e pés, mas pela profundidade com que tocamos a nossa própria essência. Ao nos entregarmos à postura, enfrentamos as nossas limitações e aprendemos a aceitá-las, reconhecendo que o progresso vem com paciência e prática contínua. Esta asana é uma lembrança de que, muitas vezes, precisamos nos inclinar para frente e nos render para realmente avançarmos. No silêncio e na calma dessa extensão, conseguimos ouvir a nossa voz interior e encontrar clareza e direção nas nossas vidas. Paschimottanasana é, portanto, uma excursão de autoconhecimento e crescimento espiritual.

Paschimottanasana: Toques de Calma na Extensão

Num sussurro suave, a calma se desdobra,
Na dobra profunda, onde a luz se absorve.
Paschimottanasana, dobra para frente,
No silêncio dessa extensão, a mente se aquieta, contente.

Sob o céu infinito, inclino-me,
Em Paschimottanasana, defino-me.
Um mergulho para dentro, profundo e sereno,
Na extensão do oeste, encontro o pleno.

Permaneço sentada, pernas à frente estendidas,
Mãos aos pés alcançam, em saudações unidas.
Na dobra, inclino-me, horizontes se fecham,
No íntimo do ser, universos se tocam.

O toque dos dedos aos pés, não é o fim,
Mas o começo de um caminho sem confim.
Cada respiração, um convite à entrega,
Nesta dobra, a alma se regenera.

Cada respiração, um fio de ligação,
Com o mais profundo do meu coração.
Na dobra, rendo-me, ao tempo, ao espaço,
Em Paschimottanasana, encontro o meu abraço.

Neste encontro de corpo e alma,
A calma invade, suaviza, embala.
Na extensão que me curva, que me desafia,
Aprendo a soltar, a viver com harmonia.

A mente se aquieta, o coração se abre,
No silêncio dessa curva, o tempo para.
O mundo lá fora, por um momento esquecido,
No abraço do próprio ser, vejo-me acolhida.

Tensões dissipam-se, como névoa ao vento,
Na dobra, descubro o meu próprio sustento.
Paschimottanasana, espelho da alma,
Na calma dessa extensão, a vida se acalma.

Os músculos cedem, a tensão se esvai,
Na calma dessa asana, a paz recai.
Paschimottanasana, toque subtil de cura,
Na simplicidade, a complexidade se apura.

No alongamento do oeste, o sol se põe,
Na introspeção, a luz interior se dispõe.
Cada vértebra, um degrau nesta andada,
Neste dobrar, a vida é celebrada.

No doce enlace com o ser,
Descubro que há tanto mais a aprender.
Paschimottanasana, mais que um dobrar,
É um caminho para se encontrar.

Ao erguer-me, levo a calma encontrada,
Na extensão do corpo, a mente é abraçada.
Nesse toque de paz, sou renovada,
Paschimottanasana, pelo silêncio, iluminada.

Enquanto me dobro, me transformo,
Na simplicidade do gesto, mundos adorno.
Na quietude dessa postura, a paz se revela,
Na dobra para frente, a serenidade é a vela.

Halasana:
O Arado que Cultiva a Paz

Halasana, ou a *"Postura do Arado"*, é uma asana clássica no ioga que promove um profundo estiramento na coluna e nos ombros, melhora a flexibilidade e estimula os órgãos abdominais. *'Hala'* significa arado em sânscrito, uma ferramenta usada na agricultura para preparar o solo para semear. De maneira similar, Halasana prepara o corpo e a mente para a semear a paz interior, cultivar um terreno fértil para o crescimento espiritual.

Esta postura, ao inverter a ordem usual da gravidade no corpo, favorece a circulação sanguínea para o cérebro, rejuvenescendo o sistema nervoso e aliviando o stresse. Também auxilia na digestão e pode aliviar sintomas de menopausa, além de ser benéfica para a tireoide devido à compressão suave na região do pescoço.

Praticar Halasana é aceitar o apelo para inverter as nossas perspetivas habituais, abrindo espaço para novas perceções e possibilidades. Ao cultivarmos a paz interna com o arado da nossa prática, estamos não apenas a enriquecer o nosso próprio terreno espiritual, mas também a contribuir para um mundo mais sereno e harmonioso. Nesta postura, somos lembrados de que, às vezes, a maior força vem não do que está acima, mas do que está abaixo, não do que é visível, mas do que é cultivado silenciosamente no escuro.

Halasana: O Arado que Cultiva a Paz

No silêncio do meu ser, um arado desce,
Halasana, a terra do espírito, aquece.
Invertendo mundos, vejo pelo avesso,
Na curvatura do corpo, um progresso.

Como um arado que a terra fende,
Esta postura a paz me rende.
Nas linhas do meu corpo, um campo a semear,
Em cada respirar, um novo começar.

A coluna se alonga, raízes no ar,
Na quietude, o tempo parece parar.
Os pés tocam leve, o chão do infinito,
No arado do ser, encontro o meu rito.

O sangue flui inverso, a mente clareia,
Na terra do silêncio, a alma semeia.
Sob o céu do peito, estrelas a brotar,
Halasana, o arado a me guiar.

A tensão se dissolve, na lida do arar,
Cada músculo, um grão a germinar.
O coração, mais perto do chão, escuta,
A voz do silêncio, suave e astuta.

E nesse dobrar, mais que um físico ato,
É o cultivo da paz, um facto.
Halasana, ensine-me a ceder,
Para na rendição, o verdadeiro poder.

Ao erguer-me, trago o fruto colhido,
No arado do corpo, o espírito nutrido.
Com a paz plantada, no solo do ser,
Halasana, um caminho para florescer.

Ardha Halasana: Meio Caminho para a Tranquilidade

Ardha Halasana, ou a *"Postura do Meio Arado"*, é uma variação mais acessível da Halasana completa, oferecendo muitos dos seus benefícios sem exigir a mesma intensidade de flexibilidade. 'Ardha' significa metade em sânscrito, sugerindo que esta postura é um caminho intermediário na jornada para alcançar a paz e a serenidade que a Halasana promete. Esta posição envolve elevar as pernas a um ângulo de 90 graus, apoiando as costas com as mãos, enquanto mantém a cabeça e os ombros relaxados no chão. Ideal para iniciantes ou para aqueles com limitações físicas, Ardha Halasana estimula a circulação sanguínea, especialmente na região pélvica e nas pernas, alivia o stresse, melhora a digestão e ajuda a acalmar a mente.

A prática de Ardha Halasana aconselha-nos que a trajetória para a tranquilidade não requer sempre passos grandiosos ou transformações radicais. Às vezes, é no meio caminho, nos pequenos ajustes e na aceitação das nossas limitações, que encontramos a verdadeira serenidade. Esta postura é uma lembrança de que cada pequeno passo, na prática do ioga, é um avanço na direção da paz interior e do equilíbrio, permitindo-

-nos cultivar um espaço de calma e serenidade em nós mesmos, independentemente de quão distante possamos parecer do nosso destino.

Ardha Halasana: Meio Caminho para a Tranquilidade

No meio ao silêncio, um gesto se desdobra,
Ardha Halasana, onde a calma acalenta e molda.
Na metade do caminho, uma pausa para refletir,
Sobre a tranquilidade que está por vir.

Levanto as pernas, o céu a tocar,
Neste meio arado, aprendo a confiar.
Que não é preciso ir tão longe encontrar,
A paz que reside em simplesmente respirar.

Neste ângulo sereno, entre o céu e o chão,
Encontro um equilíbrio, uma suave canção.
O fluxo da vida, na veia a pulsar,
Em Ardha Halasana, começo a navegar.

A mente se aquieta, o coração se alarga,
Neste meio caminho, a alma se embarga.
Com a simplicidade de estar presente aqui,
Descubro um silêncio que fala em mim.

As pernas sustentam as estrelas além,
Neste gesto simples, encontro o meu bem.
A gravidade abraça, a terra a chamar,
Em cada respirar um novo lar.

Neste arco onde me encontro a meio,
Entendo que a paz é um tranquilo veio.
Não é no completo, mas no caminho a trilhar,
Que a serenidade vem para se aninhar.

Ao descer as pernas trago comigo a calma,
Ardha Halasana, como uma bênção na alma.
Porque mesmo a meio caminho, posso ver,
Que a paz é um estado para se viver.

Bhujangasana:
Despertar da Serpente Interior

Bhujangasana, ou a *"Postura da Cobra"*, é uma das posturas do ioga mais emblemáticas, conhecida pelos seus inúmeros benefícios que vão desde o fortalecimento da coluna vertebral até o estímulo dos órgãos abdominais.

Esta asana faz parte da sequência tradicional do Surya Namaskar (Saudação ao Sol) e é especialmente valorizada pela sua competência de abrir e expandir o peito, promovendo uma melhor respiração e libertando tensões no coração e na mente. Bhujangasana simboliza o despertar do poder kundalini, que segundo a tradição do ioga, reside adormecida na base da espinha dorsal, semelhante a uma serpente enrolada. Ao praticar a Postura da Cobra, imagine-se a despertar esta energia serpenteada, permitindo que suba através dos chacras, purificando e energizando o corpo e a mente no processo.

Bhujangasana não é apenas uma postura; é um rito de passagem, um despertar do poder que reside em cada um de nós. Através desta prática, somos convidados a libertar o que nos limita, a nos elevar acima dos bloqueios e a redescobrir a nossa verdadeira natureza — forte, flexível e eternamente renovada. Este despertar da serpente interior simboliza uma mutação profunda, não apenas no nível físico, mas também no espiritual, guiando-nos na nossa travessia pela busca de equilíbrio, harmonia e iluminação.

Bhujangasana: Despertar da Serpente Interior

No silêncio do amanhecer, sob o céu infinito,
Deito-me sobre a terra, sentindo o seu convite.
Inspirando profundamente, preparo-me para ascender,
Em Bhujangasana, começo a me estender.

Elevando o peito, solto o olhar no horizonte,
Como uma serpente que desperta da sua fonte.
A energia flui, desde a base até o coração,
Desperta a força que jazia em gestação.

Neste arco subtil, onde a mente se aclara,
Sinto a kundalini, poderosa e rara.
Ela sobe e dança, em espirais de luz,
Dissolvendo sombras, a cada curva que conduz.

Os ombros relaxam, as tensões se desfazem,
Na postura da cobra, as barreiras se descolam.
Com cada respiração, mais espaço encontro,
Para o amor fluir, para o novo eu me pronto.

Bhujangasana, despertar da serpente interior,
Revele-me caminhos de força e vigor.
Ensine-me a erguer, com graça e leveza,
Transformar medo em pura beleza.

No retorno à terra, trago comigo a essência,
Da serpente que acorda com sabedoria e ciência.
Guardo no meu ser, a memória deste despertar,
Pronta para enfrentar o que vier, sem hesitar.

Pavanmuktasana:
Libertação dos Ventos Escondidos

Pavanmuktasana, traduzido do sânscrito como a *"Postura de Liberação dos Ventos"*, é uma asana profundamente curativa e terapêutica no ioga. Essa postura é especialmente valorizada pela sua capacidade de melhorar a digestão, aliviar a tensão no abdómen, e liberar gases acumulados no sistema digestivo, promovendo assim um sentimento de leveza e bem-estar. A prática regular de Pavanmuktasana ajuda a equilibrar o Agni, ou fogo digestivo, conforme descrito na Ayurveda, contribuindo para a saúde geral e a purificação do corpo.

Ao realizar esta postura, o praticante deita-se de costas, abraça os joelhos contra o peito e balanceia suavemente, o que massageia os órgãos abdominais, estimula a eliminação e pode aliviar desconfortos como inchaço e constipação. Além dos benefícios físicos, Pavanmuktasana também é considerada uma ferramenta para a libertação emocional, já que muitas vezes armazenamos tensões e emoções não processadas no nosso abdómen.

Pavanmuktasana ensina-nos a importância de nos voltarmos para dentro, de cuidarmos não apenas do corpo, mas também da nossa saúde emocional e espiritual. Ao soltarmos os "ventos escondidos", somos convidados a soltar as cargas desnecessárias, a purificar os nossos caminhos internos e a promover um fluxo livre de energia vital através do nosso ser. Esta postura é uma lembrança importante de que, muitas vezes, a libertação e a cura começam com um simples ato de abraçar-nos, aceitando-nos completamente e permitindo que o processo de renovação aconteça naturalmente.

Pavanmuktasana: Libertação dos Ventos Escondidos

Sob o manto da calma, em repouso me encontro,
Deitada, entregue à terra, ao silêncio me proponho.
Inspiro a vida, no suspiro liberto o peso,
Em Pavanmuktasana, encontro o meu apreço.

Com joelhos ao peito, um abraço me dou,
Num gesto de carinho, a mim mesma retorno.
Rolo suavemente, nesse berço de paz,
Libertando os ventos, que a tranquilidade traz.

Os órgãos acordam, sob a pressão gentil,
E na dança do balanço, o alívio se faz subtil.
Como folhas ao vento, as toxinas vão embora,
Na libertação dos ventos, a alma agora chora.

Chora de alívio, na purificação encontrada,
Em cada respiração, uma vida renovada.
Pavanmuktasana, um presente de cura,
Liberta o corpo, e a mente assegura.

Neste enlace sagrado, entre o ser e o sentir,
Descubro a leveza, permito-me fluir.
Os ventos escondidos, agora livres a voar,
Deixam espaço para o novo, para o amor habitar.

A prática termina, mas a essência permanece,
Na libertação dos ventos, a verdade aparece.
Pavanmuktasana, uma chave para o portal,
Da saúde integral, do equilíbrio vital.

Uttanpadasana:
Elevações Rumo ao Infinito

Uttanpadasana, conhecida como a *"Postura da Elevação das Pernas"*, é uma asana poderosa e estimulante no universo do ioga. Traduzido literalmente do sânscrito, Uttan significa *"esticado"* ou *"elevado"*, e Pada refere-se a *"pé"*. Assim, esta postura envolve a elevação das pernas, seja individualmente ou juntas, a partir da posição deitada, desafiando a gravidade e fortalecendo o abdómen, as pernas e a região lombar. Além dos benefícios físicos, Uttanpadasana também é valorizada pela sua habilidade e de ativar os chacras inferiores, promovendo um fluxo de energia vital que pode ajudar a despertar a força interior e a determinação.

A prática regular dessa asana pode melhorar a digestão, aliviar o stresse nas costas, especialmente na região lombar, e auxiliar na tonificação dos órgãos abdominais. É uma postura que desafia a mente a permanecer focada e calma enquanto o corpo se esforça, promovendo assim uma integração entre mente, corpo e espírito.

Uttanpadasana ilustra a importância de elevar os nossos padrões, os nossos esforços e as nossas aspirações. Esta postura é uma lembrança de que, no meio dos desafios da vida, conseguimos elevar-nos acima deles, fortalecendo o nosso corpo, clarificando a nossa mente e expandindo o nosso espírito. Através desta asana, somos requesitados a explorar os limites do possível, a descobrir a nossa versão mais elevada e a conectar-nos com o infinito que habita dentro de cada um de nós.

Uttanpadasana: Elevações Rumo ao Infinito

No silêncio do agora, deito-me de olhos fechados,
O mundo lá fora, por um momento, deixado de lado.
Inalo a coragem, exalo o temor,
Em Uttanpadasana, encontro o meu vigor.

Pernas ao céu, coração ao infinito,
Neste gesto de entrega, o medo é infinito.
A gravidade desafia, mas firme resisto,
Na elevação das pernas, o meu espírito insisto.

Como antenas ao cosmos, as minhas pernas fazem-se luz,
Canalizam a energia, que da terra ao céu conduz.
Cada fibra vibra em sintonia com o divino,
Nesta asana sagrada, sou peregrina.

O abdómen contrai-se, a força se revela,
Na base está a chave, que a estabilidade espelha.
Respiro fundo, sinto o fluxo energético,
Em Uttanpadasana, o potencial é elétrico.

Desafio transcender, além do físico alcançar,
Nas elevaçõcs subtis, permito-me voar.
Elevando não só as pernas, mas também o ser,
Rumo ao infinito, começo a compreender.

Que cada elevação, é um passo mais perto,
Do infinito dentro, do mistério descoberto.
Uttanpadasana, um convite à ascensão,
Da matéria ao espírito, em constante transformação.

Com gratidão retorno, à terra, ao meu centro,
Na marcha de volta, novos horizontes adentro.
As pernas, agora firmes, no solo a descansar,
Na memória da elevação, a inspiração a brotar.

Setu Bandha Sarvangasana:
Construindo Pontes para o Eu Superior

Setu Bandha Sarvangasana, frequentemente denominada a *"Postura da Ponte"*, é uma asana transformadora que ocupa um lugar de destaque no mundo do ioga. O nome é derivado do sânscrito onde *"Setu"* significa ponte, *"Bandha"* é traduzido como fecho ou bloqueio, e "Sarvangasana" refere-se à postura que beneficia todas as partes do corpo. Esta descrição encapsula a essência desta postura: a criação de uma ponte física e energética que conecta o praticante ao seu eu superior, promovendo um fluxo harmonioso de energia por todo o corpo.

Praticar Setu Bandha Sarvangasana oferece uma profusão de benefícios, incluindo o fortalecimento dos músculos das costas, a melhoria da digestão, o alívio de stresse e a redução da fadiga. A postura também é conhecida por declarar-se sinceramente e melhorar a circulação sanguínea, além de ser particularmente benéfica para a coluna vertebral, contribuindo para uma maior flexibilidade e alívio de tensões na região lombar.

Setu Bandha Sarvangasana erude sobre a importância de construir pontes — não apenas entre o nosso corpo e mente, mas também entre o nosso eu presente e a nossa versão mais elevada. Esta asana aconselha-nos a cruzar de um estado de ser para outro, explorando novas promessas e expandir os nossos horizontes internos. Ao praticá-la, somos lembrados de que, no meio das divisões e isolamentos que por vezes experimentamos, existe a capacidade de criar conexões profundas e significativas, tanto em nós mesmos quanto com o mundo em torno.

Setu Bandha Sarvangasana: Construindo Pontes para o Eu Superior

Nas margens do ser, onde o silêncio fala,
Ali encontro-me, na busca que não se abala.
Com a respiração como guia, e o coração a pulsar,
Em Setu Bandha Sarvangasana, começo a caminhar.

Sob o céu do meu mundo interno, ergo uma ponte,
Entre o terreno e o etéreo, um elo se monte.
Elevando o quadril, aos céus a alcançar,
Num gesto de abertura, permito-me ar.

As mãos entrelaçam-se, a força a brotar,
Na base sólida, aprendo a confiar.
Cada vértebra, um passo na construção,
Desta ponte sagrada, rumo à elevação.

Por entre os espaços que antes pareciam vazios,
Flui agora energia, em rios antes frios.
Abro o peito ao infinito, na entrega me lanço,
No arco desta ponte, o amor é remanso.

Aqui nesta curva, onde o céu e a terra se encontram,
Os limites se desfazem, as barreiras se rompem.
Setu Bandha Sarvangasana, um portal se abre,
Para o eu superior, onde a verdade se sabe.

Na descida suave, ao solo retorno,
Mas levo comigo, deste momento, o adorno.
A certeza de que dentro, uma ponte se ergueu,
Conectando-me ao divino, que em mim se escolheu.

Vajrasana:
O Diamante da Imutabilidade

Vajrasana, conhecida como a *"Postura do Diamante"*, é uma asana fundamental no mundo do ioga que simboliza a força, a imutabilidade e a claridade de um diamante. O nome vem do sânscrito *"Vajra"*, que significa diamante ou raio, e *"Asana"*, que se refere a postura. Esta posição é única, ao ser uma das poucas asanas recomendadas para ser praticada logo após as refeições, devido ao seu potencial de melhorar a digestão. Além disso, Vajrasana acalma a mente e prepara o praticante para meditações profundas, servindo como um alicerce para a construção de uma prática espiritual sólida.

Vajrasana ilumina-nos sobre a importância da estabilidade, tanto física quanto mental, no meio das constantes mudanças da vida. Esta postura serve para nos lembrar que, apesar das turbulências externas, podemos encontrar um centro de paz e claridade inabalável em nós mesmos. Ao incorporar a prática de Vajrasana nas nossas rotina diária, somos convidados a cultivar uma força interior que permite-nos permanecer firmes e serenos, não importa o que o mundo exterior nos apresente.

Vajrasana: O Diamante da Imutabilidade

No meio do caos, uma rocha se mantém,
No coração do silêncio, um brilho contém.
Na terra firme sento-me, e começo a desvendar,
A força de Vajrasana, pronta a se revelar.

Sob o céu vasto, a minha coluna a se erguer,
Como um diamante, aprendo a ser.
Neste solo sagrado, as minhas pernas cruzadas,
Descubro a imutabilidade, nas profundezas achadas.

Respiro fundo, o ar a purificar,
Na quietude desta postura, permito-me ancorar.
Cada inspiração, uma luz a brilhar,
Cada expiração, o medo a se dissipar.

Vajrasana, santuário de paz,
Onde o tempo não corrói, nem desfaz.
Neste momento sagrado, a mente se aquieta,
E na imobilidade, a alma secreta.

Como o diamante, puro e eterno,
Nesta postura me torno, ao divino interno.
Com cada batida do coração, a certeza se faz,
Na solidez de Vajrasana, encontro a paz.

Aqui, onde o corpo e o espírito se encontram,
As ilusões do mundo, não mais me atormentam.
Na força desta pedra, a variação se dá,
E na imutabilidade, a minha essência está.

Levanto-me, mas levo comigo,
A força de um diamante, no peito amigo.
Vajrasana, a lição é clara e nítida,
Na constância da prática, a vida se edifica.

Matsyendrasana:
Torções e Revelações do Abismo Aquático

Matsyendrasana, também conhecida como a *"Postura do Senhor dos Peixes"* ou simplesmente *"Torção Espinal"*, é uma asana profundamente simbólica e terapêutica no ioga. Esta postura recebe o nome de Matsyendranath, um santo considerado um dos fundadores do Hatha Ioga. Acredita-se que tenha adquirido sabedoria espiritual ao ouvir os ensinamentos de Shiva enquanto estava disfarçado em forma de peixe. Matsyendrasana é uma torção que oferece inúmeros benefícios, desde a revitalização da coluna vertebral até o estímulo dos órgãos abdominais, promovendo assim uma melhoria na digestão. Além dos seus benefícios físicos, esta postura encoraja a exploração das profundezas interiores, revelando intuições e clarezas ocultas.

Matsyendrasana recomenda-nos a mergulhar nas águas misteriosas do nosso ser, explorando as profundezas da nossa consciência. Através desta poderosa torção, podemos libertar tensões acumuladas, tanto físicas quanto emocionais, permitindo que as novas correntes de energia fluam livremente. Esta postura ilustra-nos a aceitar e a integrar todas as partes de nós mesmos, iluminando os cantos escuros da nossa existência com a luz da autoconsciência. Na prática de Matsyendrasana, descobrimos que cada torção é uma oportunidade para revelar e celebrar a complexa beleza do ser humano.

Matsyendrasana: Torções e Revelações do Abismo Aquático

Nas águas profundas do ser, onde os segredos repousam,
Uma postura emerge, com sabedoria que nos propõe.
Matsyendrasana, torção do abismo aquático,
Revela o oculto, num gesto prático.

Giro o meu corpo, em busca de luz,
Nas profundezas internas, onde a verdade reluz.
Como Matsyendranath, em forma de peixe,
Nas águas do conhecimento, onde a minha alma se banhe.

Torço e estendo-me, no espaço e no tempo,
Exploro as cavernas do meu pensamento.
Cada vértebra, um mistério a desvendar,
Cada respiração, um novo mundo a explorar.

Na torção, o passado e o futuro se encontram,
No presente profundo, onde os véus se rompem.
Matsyendrasana, espelho do infinito,
Na curva do corpo, o destino é reescrito.

As águas internas, agitadas pela torção,
Purificam a alma, trazem renovação.
Os órgãos despertam, na dança vital,
E na energia que flui, encontro o equilíbrio ideal.

Neste giro, a vida se revela,
Na complexidade que se desvela.
Matsyendrasana, torção sagrada,
Na rota interior, a luz é encontrada.

E quando me desfaço da forma, retornando ao começo,
Levo comigo as verdades, do abismo ao sucesso.
Na simplicidade da postura, a complexidade entendo,
E nas águas da existência, tranquila me rendo.

Ananda Balasana: Sorrisos Inocentes da Alma

Ananda Balasana, conhecida como a *"Postura do Bebé Feliz"*, é uma asana profundamente restaurativa e alegre no ioga. O seu nome vem do sânscrito, onde *"Ananda"* significa felicidade ou bem-aventurança, *"Bala"* significa criança, e *"Asana"* refere-se à postura. Esta posição convida praticantes de todos os níveis a reconectar-se com a sua inocência e alegria interior, ao mesmo tempo que oferece um relaxamento profundo e um suave alongamento para as regiões da virilha, quadris e lombar. Ao adotar esta postura, somos lembrados da importância de abordar a vida e a prática do ioga com um coração aberto e uma mente curiosa, assim como uma criança explora o mundo ao seu redor com admiração e maravilha.

Na prática de Ananda Balasana, somos convidados a soltar, a rir e a acolher a leveza do nosso ser. É uma lembrança de que, mesmo nos momentos de desafio, podemos encontrar conforto e alegria nas coisas mais simples. Esta postura orienta-nos a abraçar a vida com a curiosidade e a maravilha de uma criança, reconhecendo que, em cada pequeno momento, há uma oportunidade para experienciar a bem--aventurança pura e inalterada. Ao praticar a *"Postura do Bebé Feliz"*, permitimos que os nossos corações se abram e que os nossos sorrisos internos iluminem o caminho, trazendo leveza e paz para o nosso dia a dia.

Ananda Balasana: Sorrisos Inocentes da Alma

Nos campos verdejantes da existência,
Onde a brisa acaricia a essência,
Uma postura surge, leve e singela,
Ananda Balasana, a dança da estrela.

Com pernas ao alto, sorriso a brilhar,
Cada respiração, um convite para voar.
No coração do ser, uma criança a despertar,
Na simplicidade do gesto, a alma a cantar.

Neste momento sagrado, puro e divinal,
A gravidade cede, no toque suave e maternal.
Como um bebé, seguro e amado,
Entrego-me ao abraço do universo encantado.

Os quadris abrem-se, as tensões se vão,
Na doce melodia da criação.
Ananda Balasana, espelho da alegria,
Nesta postura, a vida se refaz em poesia.

Retorno às origens, ao lar verdadeiro,
Onde tudo é possível, no amor primeiro.
Na inocência do ser, encontro a chave,
Que desvenda mistérios, suavemente e de leve.

E naquela quietude, um riso se faz ouvir,
Ecoando nas câmaras do infinito a sorrir.
Ananda Balasana, a canção da alma,
Em cada dobra, uma nova calma.

Renascida das profundezas do ser,
Vejo o mundo com olhos de aprender.
Com a sabedoria simples de um coração aberto,
Na postura do bebé feliz, encontro o caminho certo.

Shavasana:
A Imersão no Silêncio Eterno

Shavasana, também conhecida como a *"Postura do Cadáver"*, é uma das asanas mais significativas e profundas praticadas no Ioga. Apesar da sua simplicidade aparente, onde o praticante repousa totalmente relaxado no chão, com os braços e pernas confortavelmente afastados do corpo, esta postura oferece benefícios profundos para o corpo, mente e espírito. Shavasana serve como um poderoso momento de transição, permitindo uma integração completa das práticas físicas do ioga e prepara o praticante para um estado meditativo profundo. Ao adotar a imobilidade física, somos convidados a mergulhar numa peregrinação interior, explorando o silêncio e a tranquilidade que existem em nós.

Shavasana não é apenas um final, mas um portal para novos começos. Ao nos entregarmos ao silêncio e à imobilidade, conseguimos observar os nossos pensamentos e emoções sem julgamento, promovendo uma profunda sensação de paz e libertação. Esta postura ensina-nos a arte de soltar, de deixar ir, e prepara-nos para enfrentar a vida com uma nova perspetiva, mais tranquila e centrada. No silêncio eterno de Shavasana, descobrimos a beleza da nossa própria existência, lembrando-nos de que, mesmo na quietude absoluta, há um universo de possibilidades a ser explorado em nós.

Shavasana: A Imersão no Silêncio Eterno

Na vastidão do ser, onde o tempo se dissolve,
Uma postura se revela, silenciosamente envolve.
Shavasana, sussurra o vento, numa dança leve,
No chão da existência, a alma se atreve.

Corpo estendido, na terra a repousar,
Braços e pernas soltos, ao vento a se entregar.
Olhos fechados, na escuridão a navegar,
Em Shavasana, o ser começa a flutuar.

Silêncio... O som mais puro, profundo,
Enche o espaço, abraça o mundo.
Neste leito de tranquilidade, sem movimento,
O coração escuta o sussurro do vento.

A mente, outrora agitada, encontra a paz,
Em cada respiração, uma correnteza veloz se desfaz.
Shavasana, imersão no vazio que liberta,
Na morte simbólica a vida se revela.

Ali, no nada, tudo se encontra,
No silêncio eterno, a alma se pontua.
Desapego do corpo, da mente, do querer,
Em Shavasana, aprendo apenas a ser.

E nas asas do silêncio, a viagem se inicia,
Além do ego, da dor, da alegria.
Um mergulho no infinito, sem começo ou fim,
Nesta postura encontro o universo em mim.

Quando o tempo voltar a correr,
E os olhos ao mundo abrirem-se para ver,
Levarei comigo a serenidade encontrada,
Na postura do cadáver, a essência iluminada.

Virabhadrasana:
O Guerreiro da Paz Interior

Virabhadrasana, ou a *"Postura do Guerreiro"*, é uma asana poderosa que simboliza a força, a coragem e a determinação de um guerreiro, mas, ao mesmo tempo, encarna a busca pela paz interior e a harmonia. Existem diversas variações desta postura, como Virabhadrasana I, II, e III, cada uma com os seus próprios desafios e benefícios. Estas posturas promovem o equilíbrio, a estabilidade e a concentração, além de tonificarem o corpo e estimularem a vitalidade e a confiança.

Virabhadrasana ilumina-nos que a verdadeira força não reside na agressividade ou no poder físico, mas na aptidão de enfrentar os nossos desafios internos e externos com coragem, determinação e, acima de tudo, com paz interior. Cada variação da *"Postura do Guerreiro"* é uma lição sobre diferentes aspetos da vida — a importância de estabelecer raízes firmes, de se abrir para novas possibilidades, de buscar equilíbrio e de se lançar com confiança em direção aos nossos objetivos. Ao praticar Virabhadrasana, somos solicitados a cultivar a nossa própria versão de bravura, aquela que nos permite encarar a vida com serenidade, sabedoria e amor incondicional.

Virabhadrasana: O Guerreiro da Paz Interior

No campo de batalha da vida, ergo-me firme,
Virabhadrasana, o meu estandârte, invicto e sublime.
Com os pés bem plantados, e o olhar no horizonte,
Sou guerreira que na paz, encontra a sua fonte.

Na postura de um heroina, com o coração valente,
Desafio o medo, enfrento o presente.
Virabhadrasana I, os meus braços se elevam,
Na busca da luz, os desafios relevam.

Em Virabhadrasana II, abro-me e me estendo,
No equilíbrio da vida, a paz eu defendo.
O meu olhar direciona-se para além da luta,
Na quietude do ser, a verdade se escuta.

E quando ao céu, em Virabhadrasana III, me inclino,
Sinto a leveza do ser no destino que desatino.
Como um pássaro que voa, livre e destemido,
Nesta postura me encontro, plena e ungida.

Guerreiro da paz, na batalha interior,
Encontro força e calma, no silêncio do amor.
Cada respiração, uma espada que afia,
A mente que se apazigua, a alma que irradia.

Virabhadrasana, mais que uma luta, uma dança,
Onde o ser se encontra, e a esperança se lança.
Na força do guerreiro, na paz do coração,
Descubro o verdadeiro sentido da remição.

Em cada postura, uma história a contar,
De um guerreiro que aprendeu a amar.
Virabhadrasana, o desafio, a glória,
Na rota da vida, a minha eterna memória.

Ushtrasana:
Caminhos pelo Deserto da Existência

Ushtrasana, conhecida como a *"Postura do Camelo"*, é uma asana de flexão para trás que abre o coração e os pulmões, estendendo a coluna e fortalecendo a parte posterior do corpo. Esta postura pode ser desafiadora, mas oferece muitos benefícios, incluindo a melhoria da postura, o alívio de tensões na parte inferior das costas e o estímulo aos órgãos abdominais. Ushtrasana encoraja a abertura, tanto física quanto emocional, convida à libertação de bloqueios e ao acolhimento de novas perspetivas.

Ushtrasana ministra sobre a coragem de enfrentar o desconhecido e a importância de manter o coração aberto durante a caminhada. No meio das adversidades e desafios do *"deserto da existência"*, esta postura suscita-nos a curvarmo-nos não apenas fisicamente, mas também emocional e espiritualmente, abrindo-nos para receber e integrar as lições que a vida nos oferece. É uma prática de aceitação, de reconhecimento das nossas vulnerabilidades e de celebração da nossa força inerente e potencial de crescimento.

Ushtrasana: Caminhos pelo Deserto da Existência

No deserto árido da minha existência,
Busco a água da vida, a essência.
Em Ushtrasana, ergo-me, desafiando o sol,
Como um camelo, forte, majestoso, sem farol.

Neste mar de areia, sob o céu vasto,
Abro o meu coração, ao futuro faço um rasto.
A dor e o medo, como dunas, supero,
Em busca do oásis, o meu desejo sincero.

Curvando-me para trás, olho o horizonte,
Vejo além do que é aparente, um monte.
Ushtrasana, postura de abertura e coragem,
No deserto da vida, é a minha viagem.

Com cada respiração, mais profundo vou,
Neste deserto interior, onde o eu ecoou.
Onde o céu e a terra se encontram,
As minhas limitações, enfim, confrontam.

Neste gesto de entrega e de confiança,
Relembro a importância da esperança.
Ushtrasana, caminho de renovação,
No deserto da existência, é libertação.

Nesta postura, o meu coração se expande,
E toda a dor e pesar, gentilmente, desbande.
No deserto da vida, encontro a minha força,
Ushtrasana, a minha bússola, a minha roça.

Este é o caminho pelo deserto, árduo, mas belo,
Onde cada passo é um desafio, mas também um apelo.
Para abrir-se, entregar-se, e finalmente ver,
Que no deserto da existência, podemos renascer.

Vrikshasana:
Raízes e Ramos Conectam Céus e Terra

Vrikshasana, conhecida como a *"Postura da Árvore no Ioga"*, é uma prática profundamente enraizada na busca pela constância e estabilidade. Esta postura não apenas desafia o corpo físico, mas também nutre a mente e o espírito com a sua simbologia de ligação entre o céu e a terra. Através desta asana, somos solicitados a firmar as nossas raízes na terra, ao mesmo tempo, em que elevamos os nossos ramos em direção ao céu, simbolizando o crescimento pessoal, a força interior e a unidade com o universo.

Esta postura é um lembrete da importância de manter uma base sólida enquanto alcançaremos alturas maiores, tanto, na prática de ioga quanto na vida quotidiana. Vrikshasana educa-nos sobre resiliência, mostrando como é possível permanecer estáveis e cadenciados, mesmo diante dos ventos desafiadores da existência.

Vrikshasana, além de ser uma postura, é uma filosofia de vida, um caminho para encontrar equilíbrio e harmonia entre os aspetos físicos e espirituais da nossa existência. Ao praticá-la, somos lembrados da beleza e da força que situa-se na fusão com a natureza e com o universo ao nosso redor.

Vrikshasana: Raízes e Ramos Conetam Céus e Terra

Em solo sagrado, os meus pés descalços tocam,
Raízes imaginárias, da terra brotam.
Um pé se firma, no chão se ancora,
O outro ascende, na dança que encanta.

As minhas mãos erguem-se, ao céu alcançam,
Ramos ao vento, em gratidão, balançam.
Agora, sou mais do que carne,
Sou árvore, sou alma, que ao infinito arde.

Raízes profundas, na terra escura,
Garantem a vida, a base segura.
Ramos ao alto, em busca de luz,
Espelham sonhos, a quem coração conduz.

Nesta postura, sinto-me forte,
Ligado à terra, enfrento a morte.
Mas também ao céu, com esperança lanço-me,
Na balança da vida, eternamente balanço-me.

Sou árvore, sou mulher, entre céus e terra,
Num ciclo eterno, que a vida encerra.
Neste Vrikshasana, encontro a paz,
Acomplamento divino, que satisfaz.

Que esta prática seja uma memória,
Da nossa força, no meio da história.
Como árvores, firmes devemos ficar,
Com raízes na terra, e ramos a alcançar.

Natarajasana:
Dança Cósmica com o Universo

Natarajasana, ou a *"Postura do Senhor da Dança"*, é uma asana inspiradora que captura a essência da dança cósmica de Shiva, o deus hindu da destruição e renovação. Esta postura não é apenas um desafio físico, que exige flexibilidade, força e equilíbrio, mas também é uma expressão profunda de aglutinação espiritual com o universo. Nela, somos convidados a encontrar a harmonia entre o movimento e a quietude, entre a libertação e a contenção, refletindo a dança eterna da criação e destruição que governa o cosmos.

Natarajasana recorda-nos da impermanência de todas as coisas e da importância de abraçar a mudança como parte integrante da vida. Ao assumir esta postura, podemos sentir uma libertação das amarras do ego e uma profunda união com o todo, celebrando a beleza e a complexidade da existência.

Natarajasana é uma invocação para participarmos da dança cósmica que é a vida, reconhecendo a nossa pequenez diante da vastidão do universo, mas também celebrar o poder e a beleza da nossa ligação com tudo que existe. Ao praticar esta asana, somos lembrados de que, mesmo na incerteza e na mudança, há beleza, força e uma ordem profunda que nos guia.

Natarajasana: Dança Cósmica com o Universo

Sob o manto estrelado, em silêncio, me encontro,
Na dança sagrada, o meu espírito se eleva prontamente.
Natarajasana, equilíbrio e graça,
No palco do universo, a minha alma abraça.

Num pé só, o mundo inteiro sustento,
O outro, alça voo, no tempo lento.
Braço avança, mãos ao divino alcançam,
No coração, as chamas da transformação dançam.

Sou Shiva, sou dançarino, na eternidade me perco,
Entre estrelas e sonhos, o meu ser disperso.
A música do cosmos, em mim, ressoa,
Na dança da vida, a minha alma voa.

Com cada movimento, uma história conto,
De começos e fins, nesse ciclo apronto.
Natarajasana, a arte de se entregar,
À dança do universo, deixar-se levar.

No equilíbrio precário, a verdade encontro,
Na impermanência, o meu medo confronto.
Nesta postura, sou mais do que vejo,
Sou parte do todo, em amor me revejo.

Que esta dança lembre-me, a cada respirar,
Da beleza da vida, do constante mudar.
Em Natarajasana, liberdade sinto,
Com o universo, em harmonia me pinto.

Naukasana:
Navegando pelos Mares da Consciência

Naukasana, conhecida como a *"Postura do Barco"*, é uma asana poderosa que evoca a imagem de um barco a navegar nas águas calmas e às vezes tempestuosas da vida. Esta postura desafia o corpo e a mente, fortalecendo os músculos abdominais, melhorando a digestão e promovendo o equilíbrio emocional. Mais do que uma prática física, Naukasana é um percurso de autoconhecimento e exploração, convocando-nos a mergulhar nas profundezas da nossa consciência e navegar pelos mares internos das nossas emoções, pensamentos e desejos.

Ao praticar Naukasana, somos lembrados da importância de manter o equilíbrio e a estabilidade interna, mesmo quando enfrentamos as ondas e tempestades da vida. Esta postura ensina-nos a ser resilientes, a manter o foco e a determinação, enquanto navegamos pelos desafios e oportunidades que surgem no nosso caminho.

Naukasana oferece-nos uma metáfora poderosa para a jornada da vida, lembrando-nos de que, apesar das dificuldades e incertezas, temos a força e a resiliência necessárias para navegar em qualquer tormenta. Esta postura encoraja-nos a manter a calma e a concentração, a abraçar os desafios e a confiar no nosso potencial de superar obstáculos, encontrar a paz e equilíbrio nas águas agitadas da existência.

Naukasana: Navegando pelos Mares da Consciência

Sobre as ondas da vida, o meu barco desliza,
Em Naukasana, a minha alma harmoniza.
Corpo e mente, em equilíbrio perfeito,
Nas águas da consciência, encontro o meu leito.

Num mar de emoções, o meu barco navega,
Contra tempestades, bravamente se apega.
Abdominais fortes, a vela do meu ser,
Pela mente, os ventos, aprendo a tecer.

O meu olhar no horizonte, onde o céu encontra o mar,
Na postura do barco, o meu espírito a flutuar.
Cada respiração, uma onda a superar,
Na vastidão interna, começo a mergulhar.

Por mares tranquilos, por tormentas também,
Naukasana guie-me para além do vai e vem.
No balanço das águas, a sabedoria encontro,
Na quietude do ser, os meus medos enfrento.

Neste barco solitário, não estou só,
A natureza, o meu guia, no silêncio ecoa o seu dó.
Aprendo a navegar, com o coração a orientar,
Nas águas da vida, o meu caminho a traçar.

Que esta etapa interna, me traga a luz,
Nos mares da consciência, onde a alma conduz.
Em Naukasana, força e paz encontram-se,
E nas ondas do agora, os meus medos afrontam-se.

Marjarisana:
Flexibilidade e Graça do Felino

Marjarisana, ou a *"Postura do Gato"*, é uma asana profundamente enraizada na graça e agilidade dos felinos. Esta prática de ioga é mais do que uma série de movimentos; é um convite para incorporar a flexibilidade, a elegância e a força intuitiva dos gatos na nossa própria vida. Através da sincronização da respiração com o movimento, Marjarisana não apenas melhora a flexibilidade da coluna vertebral, mas também estimula os órgãos abdominais, alivia o stresse e promove um estado de calma mental.

A postura do gato educa-nos sobre a importância de mover-se com intenção e consciência, lembrando-nos de sermos ágeis e adaptáveis diante das adversidades da vida. Ela nos invita a explorar a nossa mestria e de ser tanto firmes quanto flexíveis, tanto física quanto emocionalmente. Marjarisana ajuda-nos a encontrar um equilíbrio entre força e suavidade, oferecendo uma lição valiosa sobre como enfrentar os desafios com graça e resiliência.

Marjarisana atrai-nos a abraçar a beleza da flexibilidade, a força que reside na suavidade e a sabedoria de responder aos desafios da vida com graça e adaptabilidade. Ao praticar esta postura, somos recordados de que a verdadeira força não reside na rigidez, mas na capacidade de nos adaptarmos e fluirmos com as circunstâncias da vida, ao manter a nossa integridade e paz interior.

Marjarisana: Flexibilidade e Graça do Felino

Na quietude da manhã, um gato se alonga,
Sob a luz do sol, a sua sombra alongada.
Em Marjarisana, procuro inspiração,
Na graça do felino, encontro a minha lição.

Com a coluna que ondula, ao ritmo da respiração,
Na postura do gato, sinto a desobstrução.
Cada vértebra se move, em perfeita harmonia,
Na dança da vida, encontro a minha poesia.

Na flexibilidade do corpo, a mente se abre,
Nas curvas do ser, o coração se aquece.
Como o gato que se estica, sem preocupação,
Em Marjarisana, cultivo a atenção.

A graça de um salto, a suavidade de um pousar,
Na agilidade do felino, aprendo a confiar.
No equilíbrio da vida, como o gato a caminhar,
Na borda do impossível, ousado a balançar.

Pelos olhos do gato, o mundo a observar,
Na quietude profunda, o universo a escutar.
No silêncio do ser a verdade se revela,
Na postura do gato, a alma voa, ela é aquela.

Que Marjarisana me ensine, a arte de fluir,
Na vida, como no ioga, a graça de existir.
Com a sabedoria do felino, a cada passo, a cada instante,
Na flexibilidade e na força, ser resiliente, ser constante.

Uttitha Hasta Padangustasana:
Equilíbrio no Fio da Existência

Uttitha Hasta Padangustasana, conhecida como a *"Postura do Dedo do Pé de Pé Estendido"*, é uma prática de equilíbrio que desafia o praticante a manter-se firme enquanto se inclina para a frente para segurar o dedo do pé. Esta asana não é apenas um teste de equilíbrio físico, mas também uma metáfora profunda para o equilíbrio necessário na travessia da vida. Ao praticar Uttitha Hasta Padangustasana, somos convidados a encontrar estabilidade no meio da incerteza, a manter o foco diante das distrações e a cultivar a paciência e a persistência.

Esta postura doutrina-nos a importância de aterrar os nossos pés firmemente no presente, ao mesmo tempo que estendemos as nossas mãos em direção aos objetivos futuros. Ela simboliza a tensão entre o aqui e agora e o que continua por vir, incentivando-nos a manter uma juntura equilibrada entre as nossas raízes e os nossos sonhos. Mediante Uttitha Hasta Padangustasana, aprendemos que o verdadeiro equilíbrio não significa imobilidade, mas sim a capacidade de permanecer centrado enquanto navegamos pelas ondulações da existência.

Praticar Uttitha Hasta Padangustasana é uma lembrança constante de que o equilíbrio na vida requer atenção contínua, adaptação e a coragem de se estender além da nossa zona de conforto. Ilucida-nos a valorizar o processo tanto quanto o resultado, e a entender que cada momento de instabilidade é uma oportunidade para crescer e fortalecer o nosso poder de navegar pela complexidade do ser.

Uttitha Hasta Padangustasana: Equilíbrio no Fio da Existência

No cenário da vivência, onde cada passo é um ato,
Uttitha Hasta Padangustasana, um equilíbrio exato.
Entre o céu e a terra, estendo a minha mão,
Seguro o futuro, com os pés no chão.

Na corda bamba do destino, cautelosamente avanço,
Com a mente focada, no objetivo lanço.
O corpo oscila, mas o espírito persiste,
Na busca pelo centro, a alma insiste.

Como o dedo do pé que se estende para tocar,
São os sonhos que ousamos alcançar.
Na balança da vida, onde tudo é passageiro,
Uttitha Hasta Padangustasana, é o equilibrista primeiro.

Pelos ventos da mudança, sou desafiada a dançar,
Mas na base sólida, aprendo a acreditar.
Com cada respiração, mais fundo me enraízo,
No presente ancorei, no futuro vislumbro.

No silêncio do equilíbrio, a sabedoria a fluir,
Neste fio da existência, aprendo a construir.
Entre a força e a flexibilidade, encontro a liberdade,
Na postura do dedo do pé, celebro a serenidade.

Que Uttitha Hasta Padangustasana inspire,
A caminhar com graça, mesmo ao cair.
Cada tropeço, uma lição a revelar,
No equilíbrio da vida, a arte de se levantar.

Padmasana:
Lótus da Serenidade Imaculada

Padmasana, ou a *"Postura do Lótus"*, é uma asana clássica e profundamente simbólica no ioga. Esta posição, em que os pés repousam sobre as coxas opostas, cria uma base estável e simétrica, evocando a imagem de um lótus que emerge imaculado das águas turvas. A prática de Padmasana não é apenas um exercício de flexibilidade física, mas também um apelo para cultivar a paz interior e a serenidade, independentemente das circunstâncias externas.

A beleza do lótus reside no seu dom de florescer acima da lama, sem ser manchado por ela. Da mesma forma, Padmasana orienta-nos a elevar a nossa consciência acima dos desafios e impurezas da vida quotidiana, encontrando um centro de calma e pureza em nós mesmos. Esta postura é frequentemente associada à meditação e à prática de pranayama (técnicas respiratórias), ao facilitar uma coluna ereta e uma mente focada, permitindo uma exploração mais profunda do silêncio interno.

Que a prática de Padmasana nos inspire a encontrar beleza e paz nas profundezas do nosso ser, lembrando-nos de que, acima das águas turbulentas da vida, podemos emergir com serenidade e graça. É um estímulo constante para cultivarmos a pureza interna, a firmeza de propósito e a tranquilidade de espírito,

mesmo quando confrontados com as adversidades do mundo
exterior.

Padmasana: Lótus da Serenidade Imaculada

Num mundo de turbulência, uma flor se eleva,
Padmasana, onde a alma serena se atreve.
Raízes na lama, mas acima ela brilha,
Um santuário de paz, longe da trilha.

Serenidade e Clareza

Da lama da existência, a pureza emerge,
No lótus do ser, a calma converge.
Com pernas enlaçadas, um espelho do divino,
Em Padmasana, encontro o caminho sereno.

O coração se abre, a mente se aclara,
Na quietude do lótus, a alma se prepara.
Para mergulhar no silêncio, onde tudo é conhecido,
Na postura sagrada, sou entronizada.

Como o lótus que flutua, imune à corrente,
Na serenidade imaculada, sou resiliente.
Padmasana, um porto seguro, um refúgio secreto,
Na tempestade da vida, o meu ancoradouro completo.

Meditação e Transformação

Neste templo de quietude, as ondas se acalmam,
No lótus da introspeção, as verdades se desdobram.
A cada respiração, mais profundo mergulho,
Em Padmasana, transcendendo o tumulto.

O lótus interior se abre, revelando a luz,
Na postura do lótus, encontro a minha cruz.
Transformando a lama em beleza sem igual,
Padmasana, o caminho para o equilíbrio espiritual.

Adho Mukha Shvanasana:
Reflexões do Cão Devoto

Adho Mukha Shvanasana, conhecido popularmente como a *"Postura do Cão a Olhar para Baixo"*, é uma das asanas mais reconhecidas e praticadas no ioga. Esta postura, que se assemelha a um cão esticando-se, não só fortalece e alonga o corpo inteiro, mas também oferece uma oportunidade única para a introspeção e a renovação espiritual.

A prática de Adho Mukha Shvanasana incentiva-nos a assumir uma perspetiva humilde e devota, assim como um cão esticado em lealdade e serviço. Ao invertermos a nossa postura habitual, com a cabeça abaixo do coração, somos encorajados a ver o mundo de uma maneira diferente, a desafiar as nossas perceções e a abrir espaço para o novo. Esta asana promove uma drenagem natural, permitindo que a gravidade auxilie na circulação sanguínea e linfática, enquanto proporciona um momento de pausa e reflexão na agitação do dia a dia.

Que a prática de Adho Mukha Shvanasana nos inspire a cultivar uma disposição humilde e devota, lembrando-nos da importância de ver o mundo sob diferentes perspetivas. Que possamos encontrar, neste espaço entre o céu e a terra, um momento de paz, reflexão e profunda conexão com o nosso verdadeiro eu. É uma nota de que, mesmo nas posições mais desafiadoras, há beleza e aprendizagem a serem descobertos.

Adho Mukha Shvanasana: Reflexões do Cão Devoto

Entre a terra e o céu, me estendo,
Adho Mukha Shvanasana, onde os extremos se encontram.
Com as mãos firmes e o coração aberto,
Neste sagrado alongamento, me reinvento.

Devotado e Entregue

Como um cão, olho para baixo, em leal adoração,
A vida vista de cabeça para baixo, uma nova visão.
Na humildade desta curva, a minha mente se aclara,
Em Adho Mukha, a alma verdadeiramente se prepara.

O corpo se alonga, dos pés à cabeça,
Na força e na graça, toda a barreira despeça.
Com cada respiração, mais fundo me faço,
Nesta postura sagrada, a minha fé abraço.

Reflexão e Transformação

Sob a luz do autoexame, sombras se dissipam,
No espelho do cão, as verdades se inscrevem.
Aqui, entre o dar e receber, encontro equilíbrio,
Adho Mukha Shvanasana, o meu refúgio tranquilo.

Na entrega total, o ego se dissolve,
E na vastidão do ser, o espírito evolui.
Como a terra sustenta, o céu me guia,
Na postura do cão, a minha alma se purifica.

Bakasana: Alçando Voo com Coragem

Bakasana, ou a *"Postura da Garça"*, é uma asana desafiadora que simboliza força, equilíbrio e coragem. Praticada há séculos, esta postura requer não apenas o fortalecimento físico do corpo, especialmente dos braços e do abdómen, mas também um profundo senso de foco e determinação mental. Ao assumir a forma de uma garça pronta para alçar voo, o praticante é convidado a transcender limites pessoais, cultivando uma sensação de leveza e liberdade interior.

A realização de Bakasana é um poderoso lembrança de que a verdadeira força surge da vulnerabilidade e da disposição para enfrentar o desconhecido. Esta pose encoraja o praticante a abraçar a incerteza, a soltar o medo de cair e a confiar na própria capacidade de se sustentar. Neste equilíbrio instável, encontramos uma metáfora para a vida: a importância de manter a calma e a concentração diante dos desafios, utilizando a nossa coragem e resiliência para elevarmo-nos acima dos dilemas.

Que a prática de Bakasana nos inspire a enfrentar os desafios com coragem e determinação, recordando-nos de que, mesmo na flutuação, podemos encontrar a nossa força e equilíbrio. Que nos ensine a confiar na nossa aptidão para superar, permitindo-nos alcançar voos mais altos em direção ao crescimento pessoal e espiritual.

Bakasana: Alçando Voo com Coragem

No silêncio do tapete, me arrumo,
Para Bakasana, a postura que assumo.
Com mãos firmes e coração sem muro,
Neste ato de equilíbrio, alinho puro.

Fortaleza e Vulnerabilidade

Na força dos braços encontro suporte,
No abdómen firme encontro o meu norte.
Entre o risco e a entrega, procuro equilíbro,
Na Bakasana, exponho o meu espírito intrépido.

Leve como a garça, tenho em vista voar,
Acima do medo de cair, desejo-me elevar.
Nesta dança entre o céu e a terra,
A minha alma se liberta, a minha essência se descerra.

Coragem e Transformação

Com cada respiração, mais alto aspiro,
Na vulnerabilidade, a minha força admiro.
Em Bakasana, os limites se dissolvem,
E nas asas da coragem, novos horizontes se abrem.

No silêncio do gesto, a minha alma se eleva,

Na transfiguração, uma nova senda revela.

Com o coração aberto, a mudança acolho,

Nas asas da fé, por novos caminhos voo.

Poema Final

"Viagem Poética dos Chacras", um poema que entrelaça a sabedoria milenar dos chacras com a sublimidade da poesia, propõe um itinerário de descoberta e metamorfose íntima. Cada estrofe é um convite a mergulhar num chacra, desvendando as suas nuances, desafios e virtudes por meio de versos que acariciam a alma, incentivando a introspeção e o despertar.

Muladhara - Fundações Terrenas

Aos meus pés, a Terra, vasta e serena,
Raízes que se aprofundam, na quietude se aquietam;
Muladhara, meu esteio, onde a calma reside,
Em cada verso, a força terrena que me guia.

Svadhisthana - Ondas de Existir

Deslizo pelas águas, emoções a fluir,
Svadhisthana, santuário do sentir;
Onde a criatividade emerge, luminosa e viva,
Nesta corrente peço que a minha essência sobreviva.

Manipura - Chama que Empodera

Dentro de mim, um fogo que não cessa,
Manipura, o meu sol, fonte de pura promessa;

Determinação e ímpeto, nos versos, resplandecem,
Na luz interior, minha verdade reconheço.

Anahata - Melodias do Ser

Anahata, sopro suave, amor incondicional,
No coreto do peito, uma ode celestial;
O desabrochar da compaixão, a cada inspirar,
Nestes versos, o meu coração permite-se voar.

Vishuddha - Horizonte das Palavras

Vishuddha, horizonte azul, onde os sonhos ganham voz,
Verdades que se desdobram, sem receio ou algoz;
Na tessitura dos poemas,a minha alma se desnuda,
Palavras voam na verdade que tudo muda.

Ajna - Portal do Infinito

Entre os olhos, um portal para o vasto desconhecido,
Ajna, a intuição, um farol indefinido;
Nos versos, exploro universos ocultos,
Na poesia, desvendo os enigmas mais subtis.

Sahasrara - Infinita Plenitude

Acima, um lótus de mil pétalas se desdobra,
Sahasrara, onde o divino subtilmente obra;
Em comunhão com o cosmos, a poesia é celebração,
Versos ascendem como preces, rumo à eterna imensidão.

www.ingramcontent.com/pod-product-compliance
Lightning Source LLC
Chambersburg PA
CBHW040814120726
48005CB00012B/1413